EN KAFFEÄLSKARES RECEPTSAMLING

100 OLIKA RECEPT ALLT FRÅN KLASSISK CAPPUCCINO TILL SPECIALITET LATTES

Karolina Birch

Alla rättigheter förbehållna.

varning

Informationen i den här e-boken är avsedd att fungera som en omfattande samling av strategier som författaren till den här e-boken har forskat om. Sammanfattningar, strategier, tips och tricks är endast rekommendationer från författaren, och att läsa den här e-boken garanterar inte att ens resultat exakt speglar författarens resultat. Författaren till e-boken har gjort alla rimliga ansträngningar för att tillhandahålla aktuell och korrekt information till e-bokens läsare. Författaren och dess medarbetare kommer inte att hållas ansvariga för eventuella oavsiktliga fel eller utelämnanden som kan hittas. Materialet i e-boken kan innehålla information från tredje part. Tredjepartsmaterial består av åsikter som uttrycks av deras ägare. Som sådan tar e-bokens författare inget ansvar eller ansvar för material eller åsikter från tredje part. Oavsett om det är på grund av internets utveckling eller oförutsedda förändringar i företagets policy och riktlinjer för redaktionell inlämning, kan det som anges som fakta när detta skrivs bli föråldrat eller otillämpligt senare.

E-boken är copyright © 2023 med alla rättigheter förbehållna. Det är olagligt att omdistribuera, kopiera eller skapa härledda verk från denna e-bok helt eller delvis. Inga delar av denna rapport får reproduceras eller återsändas i någon form av reproducering eller återsändning i någon form utan skriftligt uttryckligt och undertecknat tillstånd från författaren.

INNEHÅLLSFÖRTECKNING

INNEHÅLLSFÖRTECKNING 4
INTRODUKTION 8
KAFFE-INFUSERADE DESSERTER 10

    1. Bär tiramisu 11
    2. Cikoriakräm brulee 13
    3. Mockafondue 15
    4. Tiramisu 17
    5. Kryddig italiensk katrinplommonkaka 20
    6. Italienskt kaffe Granita 24
    7. Ho ney bee cortado 26
    8. Kaffe granit 28
    9. Kaffe gelato 30
    10. Chock full av chokladglass 32
    11. Chokladromglass 35
    12. Irish coffee 37
    13. Iced dubbla chokladmousser 40
    14. Cappuccino frappe 43
    15. Frostade Mocka Brownies 45
    16. Bisquick kaffekaka 47
    17. Kaffe Gelatin Dessert 50
    18. Kaffemousse 52
    19. Kaffe-kokosnötsagardessert 56
    20. Italienska Affogato 59

KAFFE INFUSERAD MED TE 61

    21. Hong Kong te bryggt med kaffe 62
    22. Iskaffe te 64
    23. Malaysiskt kaffe med te 66
    24. Bubble te iskaffe 68
    25. Kaffe och Earl Grey Boba Mocktail 70

26. Kaffe-bär grönt te......72

KAFFE INFUSERAD MED FRUKT......74

27. Hallon Frappuccino......75
28. Mango Frappe......77
29. Hallon kaffe......79
30. Julkaffe......81
31. Rik kokosnötskaffe......83
32. Choklad Banan Kaffe......85
33. Schwarzwald kaffe......87
34. Maraschino kaffe......89
35. Chokladmandelkaffe......91
36. Kaffe Soda Pop......93
37. Halvsöt mocka......95
38. Wiens kaffe......97
39. Espresso Romano......99

KAFFE INFUSERAD MED KAKAO......101

40. Iced Mocha Cappuccino......102
41. Original iskaffe......104
42. Mocka smaksatt kaffe......106
43. Kryddig mexikansk mocka......108
44. Choklad kaffe......110
45. Pepparmint Mocka kaffe......112
46. Mocka italiensk espresso......114
47. Chokladkaffe......116
48. Choklad Amaretto kaffe......118
49. Choklad Mint Kaffe Float......120
50. Kakao kaffe......122
51. Kakao Hasselnötsmocka......124
52. Choklad mynta kaffe......126
53. Café Au Lait......128
54. Italienskt kaffe med choklad......130
55. Halvsöt mocka......132

KAFFE INFUSERAD MED KRYDDA......134

56. Orange Spice Coffee... 135
57. Kryddad kaffegrädde... 137
58. Kardemumma kryddat kaffe... 139
59. Café de Ola.. 141
60. Vaniljmandelkaffe... 143
61. Arabiska Java.. 145
62. Honung kaffe... 147
63. Café Vienna Desire... 149
64. Kanelkryddat kaffe... 151
65. Kanel Espresso.. 153
66. Mexikanskt kryddat kaffe... 155
67. Vietnamesiskt äggkaffe.. 157
68. Turkiskt kaffe... 159
69. Pumpa kryddad latte.. 161
70. Caramel Latte.. 164

KAFFE INFUSERAD MED ALKOHOL...166

71. Rom kaffe.. 167
72. Kahlua Irish Coffee... 169
73. Baileys irländska cappuccino.. 171
74. Brandy kaffe.. 173
75. Kahlua och chokladsås... 175
76. Hemlagad kaffelikör.. 177
77. Kahlua Brandy Coffee... 179
78. Lime Tequila Espresso.. 181
79. Sötat konjakkaffe... 183
80. Middagsfest kaffe... 185
81. Söt lönnkaffe... 187
82. Dublin dröm... 189
83. Di Saronno kaffe.. 191
84. Baja kaffe.. 193
85. Pralin kaffe.. 195
86. Vodka kaffe... 197
87. Amaretto Cafe'.. 199
88. Café Au Cin... 201
89. Spetsad Cappuccino.. 203

90. Gaeliskt kaffe 205
91. Rye Whiskey Coffee 207
92. Cherry Brandy kaffe 209
93. Danskt kaffe 211
94. Whiskey Shooter 213
95. Goda gamla irländska 215
96. Bushmills Irish Coffee 217
97. Svart Irish Coffee 219
98. Krämigt Irish Coffee 221
99. Gammaldags Irish Coffee 223
100. Gräddlikör Latte 225

SLUTSATS **227**

INTRODUKTION

Välkommen till den förtrollande världen av "En kaffeälskares receptsamling." Kaffe, morgnarnas elixir och musan av otaliga konversationer, är en konst som ger glädje och tröst till människor runt om i världen. Denna receptsamling är en hyllning till magin som händer när kvalitetsbönor möter kreativa händer. Från den rika aromen av en nybryggd kopp till den sammetslena konsistensen som dansar i gommen, varje klunk av dessa hopkok är en njutningsresa.

På dessa sidor hittar du en mängd noggrant framställda kafferecept, var och en utformad för att lyfta din kaffeupplevelse. Oavsett om du letar efter en explosion av energi för att börja dagen, en lugn stund av tröst eller ett smakfullt avslut på en överdådig måltid, passar våra recept till alla humör och tillfällen. Vi har samarbetat med kaffekännare och kulinariska experter för att säkerställa att varje recept är ett mästerverk, som kombinerar de finaste ingredienserna med exakta tekniker.

Följ med oss när vi ger oss ut på denna sensoriska expedition, och dyker in i en värld av bönor, brygger och mer. Från klassiska blandningar som har bestått tidens tand till innovativa skapelser som tänjer på smakgränserna, "Brewing Bliss" är din inbjudan att utforska nyanserna och mångsidigheten hos kaffe som aldrig förr.

KAFFE-INFUSERADE DESSERTER

1. Bär tiramisu

Ingredienser

- 1 1/2 koppar bryggkaffe
- 2 matskedar Sambuca
- 1 matsked strösocker
- 1-pund behållare mascarponeost
- 1/4 kopp tung grädde
- 2 msk konditorsocker
- Ladyfinger kakor
- Kakao pulver
- 2 dl blandade bär

Vägbeskrivning

a) I en grund skål, vispa ihop 1 1/2 koppar bryggkaffe, 2 msk Sambuca och 1 msk strösocker tills sockret är upplöst. I en separat skål, vispa ihop en 1-kilos behållare mascarponeost, 1/4 kopp tung grädde och 2 matskedar konditorsocker.

b) Använd tillräckligt många ladyfinger cookies för att täcka botten av en 8-tums fyrkantig ugnsform, doppa ladyfingers i kaffeblandningen och arrangera i ett jämnt lager i botten av pannan. Fördela hälften av mascarponeblandningen ovanpå. Upprepa de två lagren. Strö över kakaopulver och 2 dl blandade bär. Kyl tiramisun i minst 2 timmar och upp till 2 dagar.

2. Cikoriakräm brulee

Ingredienser

- 1 msk smör
- 3 koppar tung grädde
- 1 1/2 dl socker
- 1 kopp cikoriakaffe
- 8 äggulor
- 1 kopp råsocker
- 20 små mördegskakor

Vägbeskrivning

a) Värm ugnen till 275 grader F. Smörj 10 (4-ounce) ramekins. Blanda grädden, sockret och kaffet i en kastrull på medelvärme.

b) Vispa tills den är slät. Vispa äggen slät i en liten skål. Tempera äggulorna i den varma gräddblandningen. Ta av från värmen och kyl. Häll i de individuella ramekinerna. Lägg ramekins i en ugnsform.

c) Fyll skålen med vatten som kommer upp till hälften av ramekinen. Sätt in i ugnen på nedersta gallret och tillaga tills mitten är stel, ca 45 minuter till 1 timme.

d) Ta ut ur ugnen och vatten. Kyl helt.

e) Kyl tills den är kall. Strö sockret över toppen, skaka av överskottet. Karamelliserade sockret ovanpå med hjälp av en handblåslampa. Servera gräddbrulee med mördegskakor.

3. **Mockafondue**

Ingredienser

- 8 oz. Halvsöt choklad
- 1/2 kopp varm espresso eller kaffe
- 3 matskedar strösocker
- 2 msk smör
- 1/2 tsk vaniljextrakt

Vägbeskrivning

a) Hacka chokladen i små bitar och ställ åt sidan
b) Värm espresso och socker i fonduegryta på låg värme
c) Tillsätt långsamt choklad och smör under omrörning
d) Tillsätt vanilj
e) Valfritt: Tillsätt en skvätt Irish Cream
f) Att doppa: Änglamatstårta, äppelskivor, bananer, jordgubbar, pundkaka, pretzels, ananasbitar, marshmallows

4. Tiramisu

Portioner: 6

Ingredienser :

- 4 äggulor
- ¼ kopp vitt socker
- 1 msk vaniljextrakt
- ½ dl vispgrädde
- 2 dl mascarponeost
- 30 damfingrar
- 1 ½ kopp iskallt bryggt kaffe förvaras i kylskåpet
- ¾ kopp Frangelico likör
- 2 matskedar osötat kakaopulver

Vägbeskrivning

a) Vispa ihop äggulor, socker och vaniljextrakt i en blandningsbassäng tills det blir krämigt.

b) Efter det, vispa vispgrädden tills den blir fast.

c) Blanda mascarponeosten och den vispade grädden.

d) Vänd ner mascarponen lätt i äggulorna i en liten skål och låt den stå åt sidan.

e) Kombinera spriten med det kalla kaffet.

f) Doppa damfingrarna i kaffeblandningen omedelbart. Om damfingrarna blir för blöta eller fuktiga blir de blöta.

g) Lägg hälften av lady-fingrarna på botten av en 9x13-tums bakform.

h) Lägg hälften av fyllningsblandningen ovanpå.

i) Placera de återstående damfingrarna ovanpå.

j) Lägg ett lock över fatet. Efter det, kyl i 1 timme.

k) Pudra med kakaopulver.

5. Kryddig italiensk katrinplommonkaka

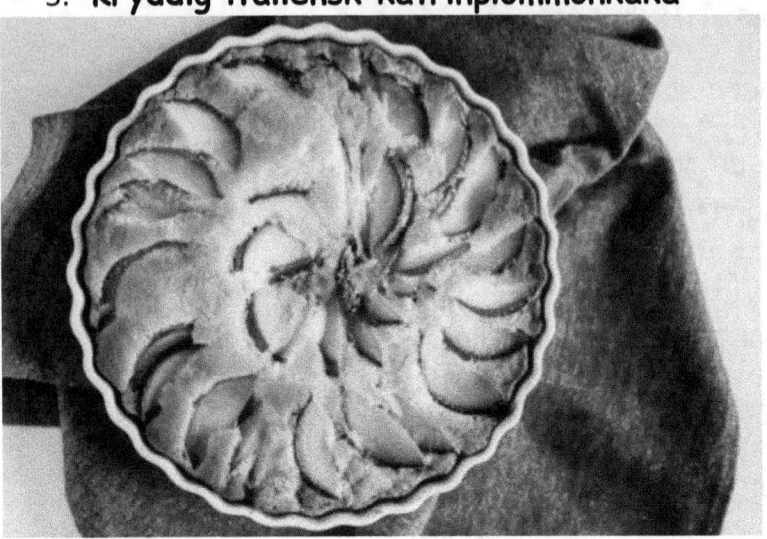

Portioner : 12 portioner

Ingrediens

- 2 koppar Urkärnade och kvartade italienska
- Beskär plommon, kokta tills
- Mjuk och sval
- 1 kopp Osaltat smör, mjukat
- 1¾ koppar Strösocker
- 4 Ägg
- 3 koppar Siktat mjöl
- ¼ kopp Osaltat smör
- ½ pund Florsocker
- 1½ matskedar Osötad kakao
- Nypa salt
- 1 tsk Kanel
- ½ tsk Malda kryddnejlikor
- ½ tsk Malen muskotnöt
- 2 teskedar Bakpulver
- ½ kopp Mjölk

- 1 kopp Valnötter, finhackade
- 2 Två 3 matskedar starka, heta
- Kaffe
- ¾ tesked Vanilj

Vägbeskrivning :

a) Värm ugnen till 350°F. Smör och mjöl en 10-tums Bundt-panna.

b) I en stor blandningsfat, grädda ihop smör och socker tills det är ljust och fluffigt.

c) Vispa i äggen ett efter ett.

d) Blanda mjöl, kryddor och bakpulver i en sikt. I tredjedelar, tillsätt mjölblandningen till smörblandningen, omväxlande med mjölken. Vispa bara för att kombinera ingredienserna.

e) Tillsätt de kokta plommonen och valnötterna och rör om. Vänd i den förberedda formen och grädda i 1 timme i en 350°F ugn, eller tills kakan börjar krympa från pannans sidor.

f) För att göra frostingen, grädda ihop smöret och konditorsockret. Tillsätt gradvis sockret och kakaopulvret, rör hela tiden tills det är helt blandat. Krydda med salt.

g) Rör ner en liten mängd kaffe i en timme.

h) Vispa tills det blir ljust och fluffigt, tillsätt sedan vanilj och dekorera kakan.

6. Italienskt kaffe Granita

Ingredienser

- 4 koppar vatten
- 1 kopp malet espresso-rostat kaffe
- 1 kopp socker

Vägbeskrivning :

a) Koka upp vattnet och tillsätt sedan kaffet. Häll kaffet genom en sil. Tillsätt sockret och blanda väl. Låt blandningen svalna till rumstemperatur.

b) Fritera ingredienserna i en 9x13x2 panna i 20 minuter. Använd en platt spatel och skrapa blandningen (jag gillar att använda en gaffel personligen).

c) Skrapa var 10-15:e minut tills blandningen är tjock och grynig. Om det bildas tjocka bitar, puré dem i en matberedare innan du lägger tillbaka dem i frysen.

d) Servera med en liten klick kall grädde i en vacker, kyld dessert eller Martini-klass.

7. Honey bee cortado

Ingredienser :

- 2 shots espresso
- 60 ml ångad mjölk
- 0,7 ml vaniljsirap
- 0,7 ml honungssirap

Vägbeskrivning :

a) Gör en dubbel espressoshot.

b) Koka upp mjölken.

c) Blanda kaffet med vanilj- och honungssirapen och rör om väl.

d) Skumma ett tunt lager ovanpå kaffe/sirapsblandningen genom att tillsätta lika delar mjölk.

8. Kaffe granit

Ingredienser

- 3 koppar nygjort mycket starkt svart kaffe
- 1/3 kopp superfint socker
- 1/4 tsk rent vaniljextrakt
- 1 dl vatten, kylt
- 1 dl vispgrädde
- 2 msk rostade hasselnötter

Vägbeskrivning

a) Blanda det varma kaffet, sockret och vaniljen tillsammans. Låt svalna, rör om då och då tills sockret har löst sig. Tillsätt det kylda vattnet och häll i en frysbehållare.

b) Frys tills det är slaskigt. Bryt upp lätt med en gaffel och fortsätt sedan att frysa tills den är nästan fast.

c) Finfördela de flesta nötterna och krossa resten grovt. Vispa grädden tills den skummar och vänd ner de malda nötterna. Ställ in i frysen de sista 15 minuterna innan servering.

d) Kyl 4 till 6 höga glas. Ta ut granitan ur frysen och bryt upp den med en gaffel. Fyll de kylda glasen med kaffeiskristallerna. Toppa med en snurra av glassen och strö på några av de krossade nötterna. Frys inte in längre än en timme och servera sedan direkt från frysen.

9. Kaffe gelato

Ingredienser

- 1 1/4 dl lätt grädde
- 5 äggulor
- 1/2 kopp superfint socker
- 1 tsk rent vaniljextrakt
- 1 1/4 koppar nybryggd extra stark espresso

Vägbeskrivning

a) Värm grädden tills den precis börjar bubbla och svalna sedan något.
b) I en stor värmesäker skål, vispa äggulor, socker och vanilj tills det blir tjockt och krämigt. Vispa i den varma grädden och kaffet och ställ sedan skålen över en kastrull med lätt sjudande vatten. Rör hela tiden med en träslev tills vaniljsåsen precis täcker baksidan av skeden.
c) Ta av skålen från värmen och svalna något. När det svalnat helt, häll i en glassmaskin och bearbeta enligt tillverkarens anvisningar, eller använd handmixningsmetoden. Sluta kärna när det nästan är fast, överför till en frysbehållare och låt stå i frysen i 15 minuter innan servering, eller tills det behövs.
d) Denna gelato är utsökt färsk, men den kan frysas i upp till 3 månader. Ta ut 15 minuter innan servering för att mjukna något.
e) Gör ca 1 1/4 pints

10. Chock full av chokladglass

Ingredienser

- 3 uns osötad choklad, grovt hackad
- 1 (14 ounce) burk sötad kondenserad mjölk
- 1 1/2 tsk vaniljextrakt
- 4 matskedar osaltat smör
- 3 äggulor
- 2 uns halvsöt choklad
- 1/2 kopp starkt svart kaffe
- 3/4 kopp strösocker
- 1/2 kopp lätt grädde
- 1 1/2 tsk mörk rom
- 2 msk vit crème de cacao
- 2 koppar tung grädde
- 2 uns osötad choklad, fint riven
- 1/4 tsk salt

Vägbeskrivning

a) I dubbelpanna, smält 3 uns osötad choklad. Tillsätt mjölk, rör om tills det är slätt. Rör i vaniljextrakt och ta bort från värmen.

b) Skär smör i fyra lika stora bitar och tillsätt, en bit i taget, under ständig omrörning tills all rumpa har införlivats. Vispa äggulorna tills de är ljusa och citronfärgade.

c) Rör gradvis i chokladblandningen och fortsätt röra tills den är slät och krämig. Avsätta.

d) I dubbelpanna, värm 2 uns halvsöt choklad, kaffe, socker och lätt grädde. Rör hela tiden tills det är slätt. Rör ner rom och crème de cacao och låt blandningen svalna till rumstemperatur.

e) Kombinera båda chokladblandningarna, tjock grädde, riven osötad choklad och slat i en stor skål. Häll blandningen i behållaren på glassfrysen och frys in enligt tillverkarens anvisningar.

11. Chokladromglass

Ingredienser

- 1/4 kopp vatten
- 2 msk snabbkaffe
- 1 (6 ounce) förpackning halvsöta chokladchips
- 3 äggulor
- 2 uns mörk rom
- 1 1/2 dl tung grädde, vispad
- 1/2 kopp skivad mandel, rostad

Vägbeskrivning

a) Häll socker, vatten och kaffe i en liten kastrull. Rör hela tiden, låt koka upp och koka i 1 minut. Placera chokladbitar i en mixer eller matberedare, och med motorn igång, häll den varma sirapen över och mixa tills den är slät. Vispa i äggulor och rom och svalna något. Vik chokladblandningen i vispad grädde och häll sedan upp i individuella serveringsfat eller en bombéform. Strö över rostade mandlar. Frysa.

b) För att servera, ta ut ur frysen minst 5 minuter före servering.

12. Irish coffee

Ingredienser

- 1 dl helmjölk
- 1½ msk snabbkaffe eller espressopulver
- ⅔ kopp farinsocker, packat
- 1 stort ägg
- 3 stora äggulor
- ¼ kopp irländsk whisky
- ½ tsk vaniljextrakt
- 2 koppar tung grädde

Vägbeskrivning

a) Kombinera mjölk, snabbkaffe och socker i en medelstor kastrull. Koka på medelvärme, rör om för att lösa upp sockret, tills blandningen kokar upp.

b) Vispa ihop ägg och äggulor i en stor skål. När mjölkblandningen kokar upp, ta bort från värmen och häll den långsamt ner i äggblandningen för att temperera den under konstant vispning.

c) När all mjölkblandning har tillsatts, lägg tillbaka den i kastrullen och fortsätt att koka på medelvärme, under konstant omrörning, tills blandningen har tjocknat tillräckligt för att täcka baksidan av en sked, 2 till 3 minuter. Ta av från värmen och rör ner whisky, vanilj och grädde.

d) Kyl mjölkblandningen till rumstemperatur, täck sedan över och kyl tills den är väl kyld, 3 till 4 timmar, eller över natten. Häll den kylda blandningen i en glassmaskin och frys in enligt anvisningarna.

e) Överför glassen till en fryssäker behållare och ställ i frysen. Låt den stelna i 1 till 2 timmar innan servering.

13. Iced dubbla chokladmousser

Ingredienser

- 3 till 4 matskedar mycket varm mjölk
- 1 (1/4-oz.) kuvert smaklös gelatin
- 1 1/2 dl vita chokladbitar
- 4 matskedar (1/2 stick) osaltat smör
- 2 stora äggvitor
- 1/2 kopp superfint socker
- 1/2 kopp finhackad mörk choklad (du vill behålla lite konsistens)
- 1/2 kopp tung grädde, lätt vispad
- 1/2 kopp grekisk yoghurt
- 18 chokladtäckta kaffebönor eller russin
- 1 tsk osötat kakaopulver, siktat

Vägbeskrivning

a) Strö gelatinet på den varma mjölken och rör om så att det löser sig. Vid behov, mikrovågsugn i 30 sekunder för att hjälpa den att lösas upp. Smält den vita chokladen och smöret försiktigt tills det är slätt. Rör ner det lösta gelatinet och ställ åt sidan att svalna, men låt det inte stelna igen. Vispa äggvitorna hårt, vispa sedan gradvis i sockret och vänd ner den mörka chokladen.

b) Vänd försiktigt ihop den avsvalnade vita chokladen, vispgrädden, yoghurten och äggvitan. Häll upp blandningen i 6 individuella formar, eller en stor form, fodrad med plastfolie för enkel avformning. Platta prydligt till topparna. Täck och frys i 1 till 2 timmar eller över natten.

c) För att servera, lossa de övre kanterna med en liten kniv. Vänd upp varje form på ett serveringsfat och torka av med en het trasa, eller lätta försiktigt ut moussen med plastfolien. Lägg tillbaka moussen i frysen tills de ska ätas. Servera med chokladtäckta kaffebönor eller russin och en lätt siktning av pulveriserad choklad.

14. Cappuccino frappe

Ingredienser

- 4 msk kaffelikör
- 1/2 kopp kaffe gelato
- 4 matskedar rum
- 1/2 kopp tung grädde, vispad
- 1 matsked osötat kakaopulver, siktat

Vägbeskrivning

a) Häll likören i basen av 6 fryssäkra glas eller koppar och kyl väl eller frys.
b) Förbered gelato enligt anvisningarna tills den är delvis frusen. Vispa sedan i rummet med en elektrisk mixer tills det skummar, skeda genast över den frysta likören och frys in igen tills den är fast men inte hård.
c) Sprid den vispade grädden över gelatoen. Strö rejält med kakaopulver och ställ tillbaka till frysen i några minuter tills du är helt redo att servera.

15. Frostade Mocka Brownies

Ingredienser

- 1 c. socker
- 1/2 c. smör, mjukat
- 1/3 c bakkakao
- 1 t. snabbkaffegranulat
- 2 ägg, vispade
- 1 t. vaniljextrakt
- 2/3 c. mjöl för alla ändamål
- 1/2 t. bakpulver
- 1/4 t. salt
- 1/2 c. hackade valnötter

Vägbeskrivning

a) Blanda socker, smör, kakao och kaffegranulat i en kastrull. Koka och rör om på medelvärme tills smöret smält. Avlägsna från värme; svalna i 5 minuter. Tillsätt ägg och vanilj; rör om tills precis blandat.
b) Blanda i mjöl, bakpulver och salt; vik i nötter. Bred ut smeten i en smord 9"x9" bakform. Grädda i 350 grader i 25 minuter, eller tills den stelnat.
c) Kyl i panna på galler. Bred Mocha Frosting över kylda brownies; skiva i barer. Gör ett dussin.

16. Bisquick kaffekaka

Ingredienser

Kaffekaka:
- 2 koppar Bisquick mix
- 2 matskedar socker
- 2/3 kopp mjölk
- 1 ägg

Kanel Streusel topping:
- 1 kopp Bisquick mix
- 2/3 kopp farinsocker lätt packat
- 2 tsk mald kanel
- 1/4 kopp osaltat smör

Vägbeskrivning

För Streusel Topping

a) Vispa ihop Bisquickmix, farinsocker och kanel i en medelstor skål.
b) Tillsätt tärnat smör. Använd händerna för att smula ner smöret i den torra blandningen.

Till kaffekakan

c) Värm ugnen till 350°F. Klä en 8×8-tums ugnsform med bakplåtspapper eller smörj den. Avsätta.
d) I en stor mixerskål, kombinera Bisquickmix, socker, mjölk och ägg med en spatel. Skrapa ner skålen.
e) Häll kaksmeten i den förberedda ugnsformen och jämna ut.
f) Strö streusel topping jämnt över smeten.
g) Grädda i 20-25 minuter eller tills en tandpetare i mitten kommer ut ren.

h) Låt den svalna i pannan i 20 minuter innan du skär upp den. Servera och njut!

17. Kaffe Gelatin Dessert

Portioner: 5

Ingredienser

- ¾ kopp vitt socker
- 3 (0,25 ounce) kuvert med gelatinpulver utan smak
- 3 koppar varmbryggt kaffe
- 1 ⅓ koppar vatten
- 1 msk citronsaft
- 1 dl sötad vispgrädde till garnering

Vägbeskrivning

a) I en kastrull, rör ihop socker och gelatin. Blanda i varmt kaffe och vatten. Koka på låg värme, rör om ofta tills gelatinet och sockret har lösts upp helt. Ta bort från värmen och rör ner citronsaft. Häll i en 4 1/2 dl form.

b) Kyl tills den stelnat, minst 6 timmar eller över natten. Servera med vispad grädde.

18. Kaffemousse

Portioner: 4 personer

Ingredienser

- 2 1/2 msk strösocker
- 4 ägg
- 3/4 kopp + 2 matskedar Heavy Cream
- 3 matskedar snabbkaffepulver
- 1 matsked osötat kakaopulver
- 1 tsk gelatinpulver
- 1 msk snabbkaffepulver och kakaopulver, blandat - valfritt, för att avsluta moussen

Vägbeskrivning

a) Separera äggulorna och vitan. Lägg äggulorna i en stor skål och vitorna i mixerns skål. Avsätta.

b) Lägg gelatinpulvret i en liten skål med det kalla vattnet, blanda och ställ åt sidan för att blöta.

c) Tillsätt strösockret till äggulorna och vispa tills det skummar och får en ljusare färg.

d) Placera den tunga grädden, snabbkaffepulvret och kakaopulvret i en liten kastrull och värm upp det på låg värme tills pulvren har lösts upp, rör om då och då. Låt inte grädden koka.

e) Häll den heta Heavy Cream över äggulan och sockret under vispning. Vispa väl och lägg sedan tillbaka i kastrullen på låg värme. Fortsätt vispa tills krämen börjar tjockna, ta sedan direkt av från värmen och överför tillbaka till en stor, ren skål.

f) Tillsätt det återhydrerade gelatinet till grädden och vispa väl tills det är helt integrerat. Ställ åt sidan för att svalna helt.

g) Medan krämen svalnar, börja vispa äggvitorna för att få hårda toppar.

h) När krämen är kall, vänd försiktigt ner den vispade äggvitan 3 till 4 gånger. Försök att inte överanstränga krämen.

i) Häll upp kaffemoussen i enskilda koppar eller burkar och ställ i kylen för att stelna i minst 2 timmar.

j) Valfritt: när du är redo att servera, strö lite snabbkaffepulver och kakaopulver över moussen för att avsluta dem.

19. Kaffe-kokosnötsagardessert

Serverar: 4 portioner

Ingredienser

- 1 1/2 koppar osötad kokosmjölk, vanlig eller med låg fetthalt
- 1 dl mjölk
- 1 kopp strösocker, delat
- 2 msk agarpulver, delat
- 1 tsk salt
- 2 matskedar snabbkaffegranulat
- 3 koppar vatten

Vägbeskrivning

a) Tillsätt kokosmjölk, mjölk, 1/4 kopp socker, 1 matsked agarpulver och salt i en 1-liters kastrull; vispa ihop blandningen och låt den koka hårt på medelhög värme, var noga med att inte låta vätskan koka över. Efter att kokosmjölksblandningen har kokat hårt i 30-40 sekunder tar du bort kastrullen från spisen.

b) Häll kokosmjölksblandningen i valfri form/formar. Låt den svalna.

c) Vispa under tiden ihop den återstående 3/4 koppen socker, 1 msk agar, snabbkaffe och vatten i en annan kastrull och låt det koka hårt på medelhög värme. När blandningen har kokat i 30-40 sekunder tar du bort kastrullen från spisen.

d) Kontrollera om kokosnötsagarlagret har stelnat. Du vill inte att det ska vara helt solid; annars kommer de två lagren inte att klibba ihop och glida av varandra när du serverar desserten. Med fingret, rör lätt vid ytan av kokosnötsagarlagret för att se om det finns något motstånd på ytan. Om så är fallet, håll kastrullen så nära ytan av kokosnötslagret som möjligt, häll mycket försiktigt kaffelagret ovanpå det föregående lagret.

e) Låt agarn stelna. Detta bör ta cirka 40 till 45 minuter i rumstemperatur och 20 minuter i kylskåp.

20. Italienska Affogato

Portioner 1 portion

Ingredienser
- 2 skopor vaniljglass av hög kvalitet
- 1 shot espresso
- 1 msk nöt- eller kaffelikör (valfritt)
- mörk choklad, att riva ovanpå

Vägbeskrivning

a) Brygg en espresso (en per person). Skopa upp 1-2 kulor vaniljglass i ett brett glas eller skål och häll över en shot espresso.

b) Häll 1 msk nocino-nötlikör eller din valfria likör över glassen och riv över lite mörk choklad.

KAFFE INFUSERAD MED TE

21. Hong Kong te bryggt med kaffe

Ingredienser

- 1/4 kopp svarta teblad sid
- 4 1/2 koppar bryggkaffe
- 5-8 matskedar socker
- 3/4 kopp halv och halv

Vägbeskrivning

a) Brygg först dina svarta teblad i 4 1/2 koppar vatten. Medan teet drar, brygg ditt kaffe med din föredragna metod. Se till att både te och kaffe är ganska starkt!

b) När kaffet och teet är klart, kombinera dem i en stor skål eller karaff. Rör ner sockret i kaffe/teblandningen och tillsätt hälften och hälften. Rör om ordentligt och servera!

c) Detta gör 8-10 portioner beroende på muggstorlek. Du kan också servera detta te kylt eller med is!

22. Iskaffe te

Ingredienser

- kaffe
- milt te
- is
- gräddkanna valfritt
- socker valfritt

Vägbeskrivning

a) Placera insatsen för kaffe K-kopp i maskinen. Tillsätt is i koppen eller glaset. Placera tepåsen horisontellt ovanpå isen så att bryggkaffe kan rinna genom tepåsen när den hälls upp. Låt dra i några sekunder efter att bryggningen har stoppats. Tryck på tepåsen, se till att påsen inte spricker och ta bort den från glaset och kassera den.

b) Tillsätt gräddkanna eller socker om så önskas.

23. Malaysiskt kaffe med te

Ingredienser

- 1¾ koppar (438 ml) vatten
- 9 teskedar (18 g) svart Ceylon-te
- ⅓ kopp (67 g) Turbinadosocker
- 1 ⅔ koppar (417 ml) indunstad mjölk
- 1½ koppar (375 ml) starkt kaffe, varmt

Vägbeskrivning

a) Blanda vatten med tebladen i en kastrull. Koka upp på medelvärme, sänk värmen till låg och låt sjuda; 5 minuter. Teet ska vara ganska mörkt.

b) Ta bort grytan eller stäng av värmen. Rör omedelbart i turbinadosockret tills sockret mestadels är upplöst; 1 minut.

c) Rör ner den förångade mjölken. Sätt tillbaka grytan på medelhög värme. Koka upp blandningen, sänk värmen till låg och låt sjuda; 3 minuter.

d) Sila av teblandningen med en finmaskig sil fodrad med ostduk, eller ta bort tepåsar om du använder den.

e) Häll i det varma kaffet; Blanda noggrant.

24. Bubble te iskaffe

Ingredienser

- Isbitar
- Ditt favoritkaffe, tillräckligt bryggt för 4 koppar
- 3/4 kopp snabblagade tapiokapärlor
- 1/2 kopp helmjölk
- 1/2 kopp kondenserad mjölk
- Bubbla te sugrör

Vägbeskrivning

a) Förvara ditt färdigbryggda kaffe i kylskåpet för att svalna helt – några timmar eller över natten är bäst.

b) Koka tapiokapärlorna enligt anvisningarna på förpackningen. (Koka dem inte förrän du precis är redo att servera – de stelnar snabbt.) Låt svalna i en skål med kallt vatten.

c) Överför och dela tapioka i fyra tomma glas. Häll i kallt kaffe.

d) I en kanna, vispa försiktigt ihop mjölk och kondenserad mjölk. Fördela jämnt i kaffeglas (oj, titta så vackert det hela snurrar!).

e) Toppa med ett par isbitar, stick i ett sugrör och servera pronto.

25. Kaffe och Earl Grey Boba Mocktail

Ingredienser

- 4 uns Chameleon Cold-Brew Vaniljkaffekoncentrat
- 3 uns Earl Grey te
- 2 uns flottör (valfri mjölkdryck)
- Tapiokapärlor (Boba) belagda med honung eller socker
- En skvätt kardemumma strös ovanpå

Vägbeskrivning

a) Förbered boba och bestryk med honung eller socker.

b) Brygg Earl Grey Tea och svalka.

c) Täck botten av glaset med boba och lite av sockret.

d) Kombinera Chameleon Cold-Brew Vaniljkaffekoncentrat och Earl Grey.

e) Häll över boban.

f) Toppa med grädde eller mjölkdryck som du väljer.

g) Strö över kardemumma och njut!

26. Kaffe-bär grönt te

Ingredienser

- 1 grönt tepåse
- 1/3 kopp kaffe-fruktdryck (som Kona eller Bai varumärken)
- 1 tsk rivet apelsinskal
- Kanelstänger
- 1 tsk honung
- 3 basilikablad

Vägbeskrivning

a) I en stor mugg, lägg till en grön tepåse till 6 oz. kokande vatten.

b) Tillsätt kaffe-fruktdryck och apelsinskal. Använd kanelstänger för att röra i honung.

c) Riv basilikablad och lägg till teet. Brant, täckt, i 5 minuter. Ta bort tepåsen. Servera varm.

KAFFE INFUSERAD MED FRUKT

27. Hallon Frappuccino

Ingredienser :
- 2 koppar krossade isbitar
- 1 1/4 koppar extra starkt bryggkaffe
- 1/2 kopp mjölk
- 2 msk vanilj- eller hallonsirap
- 3 msk chokladsirap
- Vispgrädde

Vägbeskrivning
a) Kombinera isbitar, kaffe, mjölk och sirap i en mixer.
b) Mixa till en fin slät.
c) Häll upp i kylda höga serveringsmuggar eller läskfontänglas.
d) Toppa med vispad grädde, ringla choklad och hallonsirap på toppen.
e) Lägg till en maraschino körsbär om så önskas

28. Mango Frappe

Ingredienser :
- 1 1/2 koppar mango, skär upp
- 4-6 isbitar
- 1 kopp mjölk
- 1 msk citronsaft
- 2 matskedar socker
- 1/4 tesked vaniljextrakt

Vägbeskrivning

a) Lägg den skurna mangon i frysen i 30 minuter
b) Blanda mango, mjölk, socker, citronsaft och vanilj i en mixer. Mixa tills det är slätt.
c) Tillsätt isbitar och bearbeta tills tärningarna också är jämna.
d) Servera omedelbart.

29. Hallon kaffe

Ingredienser :
- 1/4 kopp brunt socker
- Kaffesump för en 6 koppar kanna vanligt kaffe
- 2 teskedar hallonextrakt

Vägbeskrivning
a) Lägg hallonextrakt i den tomma kaffekannan
b) Häll farinsocker och kaffesump i kaffefiltret
c) Tillsätt de 6 kopparna vatten till toppen och brygg grytan.

30. Julkaffe

Ingredienser :
- 1 kanna kaffe (motsvarande 10 koppar)
- 1/2 kopp socker
- 1/3 kopp vatten
- 1/4 kopp osötad kakao
- 1/4 tsk kanel
- 1 nypa riven muskotnöt
- Vispgrädde till topping

Vägbeskrivning
a) Förbered kanna kaffe.
b) I en medelstor kastrull, värm vatten till en låg koka. Tillsätt socker, kakao, kanel och muskotnöt.
c) Koka tillbaka till lågt i cirka en minut – rör om då och då.
d) Kombinera kaffe och kakao/kryddblandning och servera toppad med vispad grädde.

31. Rik kokosnötskaffe

Ingredienser :
- 2 koppar halv-och-halva
- 15 oz. Kan grädde av kokos
- 4 koppar Varmbryggt kaffe
- Sötad vispgrädde

Vägbeskrivning
a) Koka upp halv-och-halva och grädde av kokos i en kastrull på medelvärme, under konstant omrörning.
b) Rör ner kaffe.
c) Servera med sötad vispgrädde.

32. Choklad Banan Kaffe

Ingredienser :
- Gör en 12 koppar kanna av ditt vanliga kaffe
- Tillsätt 1 / 2-1 tesked bananextrakt
- Tillsätt 1-1 1/2 tsk kakao

Vägbeskrivning
a) Kombinera
b) Så enkelt...och perfekt för ett hus fullt av gäster

33. Schwarzwald kaffe

Ingredienser :
- 6 oz. Nybryggt kaffe
- 2 msk chokladsirap
- 1 msk Maraschino körsbärsjuice
- Vispgrädde
- Rakad choklad
- Maraschino körsbär

Vägbeskrivning
a) Kombinera kaffe, chokladsirap och körsbärsjuice i en kopp. Blanda väl.
b) Toppa med vispad grädde, chokladspånen och ett körsbär eller 2.

34. Maraschino kaffe

Ingredienser :
- 1 kopp svart kaffe
- 1 oz. Amaretto
- Rediwhip Vispad topping
- 1 Maraschino körsbär

Vägbeskrivning
a) Fyll kaffemugg eller kopp med varmt svart kaffe. Rör ner amaretton.
b) Toppa med rediwhip vispad topping och ett körsbär.

35. Chokladmandelkaffe

Ingredienser :
- 1/3 kopp malet kaffe
- 1/4 tsk Nymalen muskotnöt
- 1/2 tsk chokladextrakt
- 1/2 tsk mandelextrakt
- 1/4 kopp rostade mandel, hackad

Vägbeskrivning
a) Bearbeta muskotnöt och kaffe, tillsätt extrakt. Bearbeta 10 sekunder längre. Lägg i skålen och rör om i mandel. Förvara i kylskåp.
b) Gör 8 sex uns portioner. För att brygga: Placera blandningen i filtret på en automatisk droppkaffebryggare.
c) Tillsätt 6 koppar vatten och brygg

36. Kaffe Soda Pop

Ingredienser :
- 3 koppar kylt dubbelstarkt kaffe
- 1 matsked socker
- 1 kopp halv och halv
- 4 skopor (1 pint) kaffeglass
- 3/4 kopp kyld club soda
- Sötad vispgrädde
- 4 maraschino körsbär,
- Garnering-choklad lockar eller kakao

Vägbeskrivning
a) Blanda kaffe- och sockerblandningen i hälften och hälften.
b) Fyll 4 höga läskglas halvvägs med kaffeblandningen
c) Tillsätt en kula glass och fyll glasen till toppen med läsk.
d) Garnera med vispad grädde, choklad eller kakao.
e) Bra nöje för fester
f) Använd en koffeinfri för fester med ungdomar

37. Halvsöt mocka

Ingredienser :
- 4 oz. Halvsöt choklad
- 1 matsked socker
- 1/4 kopp vispgrädde
- 4 koppar varmt starkt kaffe
- Vispgrädde
- Rivet apelsinskal

Vägbeskrivning
a) Smält chokladen i en tjock kastrull på låg värme.
b) Rör ner socker och vispgrädde.
c) Vispa i kaffe med en visp, 1/2 kopp i timmen; fortsätt tills det skummar.
d) Toppa med vispad grädde och strö över rivet apelsinskal.

38. Wiens kaffe

Ingredienser :
- 2/3 kopp torrt snabbkaffe
- 2/3 kopp socker
- 3/4 kopp pulveriserad gräddkanna utan mejeriprodukter
- 1/2 tsk kanel
- Slå var och en av mald kryddpeppar, kryddnejlika och muskotnöt.

Vägbeskrivning
a) Blanda alla ingredienser och förvara i en lufttät burk.
b) Blanda 4 teskedar med en kopp varmt vatten.
c) Detta är en underbar gåva.
d) Lägg alla ingredienser i en konservburk.
e) Dekorera med ett band och häng tagg.
f) Hängtaggen bör ha blandningsinstruktionerna maskinskrivna.

39. Espresso Romano

Ingredienser :
- 1/4 kopp finmalet kaffe
- 1 1/2 dl kallt vatten
- 2 remsor citronskal

Vägbeskrivning
a) Placera malet kaffe i filtret på en droppkaffekanna
b) Tillsätt vatten och brygg enligt maskinbryggningsanvisningarna
c) Tillsätt citron i varje kopp
d) Tjäna

KAFFE INFUSERAD MED KAKAO

40. Iced Mocha Cappuccino

Ingredienser :
- 1 msk chokladsirap
- 1 kopp varm dubbel espresso eller mycket starkt kaffe
- 1/4 kopp halv-och-halva
- 4 isbitar

Vägbeskrivning
a) Rör ner chokladsirapen i det varma kaffet tills det smält. Kombinera kaffet med halv-och-halva och isbitarna i en mixer.
b) Mixa på hög hastighet i 2 till 3 minuter.
c) Servera genast i ett högt, kallt glas.

41. Original iskaffe

Ingredienser :
- 1/4 kopp kaffe; omedelbar, vanlig eller koffeinfri
- 1/4 kopp socker
- 1 liter eller liter kall mjölk

Vägbeskrivning
a) Lös snabbkaffe och socker i varmt vatten. Rör i 1 liter eller liter kall mjölk och tillsätt is. För mockasmak, använd chokladmjölk och tillsätt socker efter smak.
b) Lös upp 1 matsked snabbkaffe och 2 teskedar socker i 1 matsked varmt vatten.
c) Tillsätt 1 kopp kall mjölk och rör om.
d) Du kan söta med ett lågkalorisötningsmedel istället för socker

42. Mocka smaksatt kaffe

Ingredienser :
- 1/4 kopp mjölkfri gräddkanna torr
- 1/3 kopp socker
- 1/4 kopp torrt snabbkaffe
- 2 matskedar kakao

Vägbeskrivning
a) Lägg alla ingredienser i mixern, vispa på hög tills det är väl blandat. Blanda 1 1/2 matskedar med en kopp varmt vatten.
b) Förvara i lufttät burk. Som en konservburk.

43. Kryddig mexikansk mocka

Ingredienser :
- 6 uns starkt kaffe
- 2 msk pulveriserat socker
- 1 msk osötad malet chokladpulver
- 1/4 tsk vietnamesisk kassiakanel
- 1/4 tsk jamaicansk kryddpeppar
- 1/8 tsk Cayennepeppar
- 1-3 matskedar Heavy Cream eller halv och halv

Vägbeskrivning
a) Blanda alla torra ingredienser i en liten skål.
b) Häll upp kaffet i en stor mugg, rör ner kakaomixen tills det är slätt.
c) Tillsätt sedan grädden efter smak.

44. Choklad kaffe

Ingredienser :
- 2 matskedar snabbkaffe
- 1/4 kopp socker
- 1 skvätt salt
- 1 oz. Squares osötade choklad
- 1 kopp vatten
- 3 koppar mjölk
- Vispgrädde

Vägbeskrivning
a) Blanda kaffe, socker, salt, choklad och vatten i en kastrull; rör om på låg värme tills chokladen har smält. Sjud i 4 minuter under konstant omrörning.
b) Tillsätt mjölken gradvis under konstant omrörning tills den är uppvärmd.
c) När den är rykande het, ta bort från värmen och vispa med en roterande visp tills blandningen är skum.
d) Häll upp i koppar och segla en klick vispgrädde på ytan av varje.

45. Pepparmint Mocka kaffe

Ingredienser :
- 6 koppar nybryggt kaffe
- 1 1/2 koppar mjölk
- 4 uns halvsöt choklad
- 1 tsk pepparmyntsextrakt
- 8 pepparmyntsstavar

Vägbeskrivning
a) Häll kaffe, mjölk, choklad i en stor kastrull på låg värme i 5-7 minuter eller tills chokladen har smält, blandningen är genomvärmd, rör om då och då.
b) Rör ner pepparmintsextraktet
c) Häll upp i muggar
d) Garnera med en pepparmyntsstav

46. Mocka italiensk espresso

Ingredienser :
- 1 kopp snabbkaffe
- 1 kopp socker
- 4 1/2 koppar fettfri torrmjölk
- 1/2 kopp kakao

Vägbeskrivning
a) Rör ihop alla ingredienser.
b) Bearbeta i en mixer tills det är pulveriserat.
c) Använd 2 matskedar till en liten kopp varmt vatten.
d) Servera i espressokoppar
e) Ger cirka 7 koppar mix
f) Förvara i en burk med tättslutande lock.
g) Konserveringsburkar fungerar bra för kaffeförvaring.

47. Chokladkaffe

Ingredienser :
- 1/4 kopp instant espresso
- 1/4 kopp snabbkakao
- 2 koppar kokande vatten - det är bäst att använda vatten som har filtrerats
- Vispgrädde
- Finstrimlat apelsinskal eller malen kanel

Vägbeskrivning

a) Kombinera kaffe och kakao. Tillsätt kokande vatten och rör om så att det löser sig. Häll upp i demitassekoppar. Toppa varje servering med vispad grädde, strimlat apelsinskal och en klick kanel.

48. Choklad Amaretto kaffe

Ingredienser :
- Amaretto kaffebönor
- 1 msk vaniljextrakt
- 1 tsk mandelextrakt
- 1 tsk kakaopulver
- 1 tsk socker
- Vispad grädde till garnering

Vägbeskrivning
a) Brygg kaffe.
b) Tillsätt vanilj- och mandelextrakt 1 tsk kakao och 1 tsk socker per kopp.
c) Garnera med vispad grädde

49. Choklad Mint Kaffe Float

Ingredienser :
- 1/2 kopp varmt kaffe
- 2 msk Crème de Cacao Likör
- 1 skopa mintchokladglass

Vägbeskrivning
a) För varje servering kombinera 1/2 kopp kaffe och 2 matskedar
b) s av likören.
c) Toppa med en kula glass.

50. Kakao kaffe

Ingredienser :
- 1/4 kopp pulveriserad icke-mejeri gräddkanna
- 1/3 kopp socker
- 1/4 kopp torrt snabbkaffe
- 2 matskedar kakao

Vägbeskrivning
a) Lägg alla ingredienser i en mixer, mixa på hög tills det är väl blandat.
b) Förvara i en lufttät burk.
c) Blanda 1 1/2 matskedar med 3/4 kopp varmt vatten

51. Kakao Hasselnötsmocka

Ingredienser :
- 3/4 oz. Kahlua

- 1/2 c upp Hot hasselnötskaffe

- 1 tsk Nestlé Quick

- 2 matskedar halv och halv

Vägbeskrivning
a) Kombinera alla ingredienser .
b) S tis

52. Choklad mynta kaffe

Ingredienser :
- 1/3 kopp malet kaffe
- 1 tsk chokladextrakt
- 1/2 tsk myntaextrakt
- 1/4 tsk vaniljextrakt

Vägbeskrivning
a) Häll kaffet i mixern.
b) I en kopp kombinera extrakt, tillsätt extrakt till kaffe.
c) Bearbeta tills blandat, bara några sekunder.
d) Förvaras kylt

53. Café Au Lait

Ingredienser :
- 2 koppar mjölk
- 1/2 kopp tung grädde
- 6 koppar Louisiana kaffe

Vägbeskrivning
a) Blanda mjölk och grädde i en kastrull; låt bara koka upp (bubblor bildas runt kanten på pannan) och ta sedan bort från värmen.
b) Häll en liten mängd kaffe i varje kaffekopp.
c) Häll återstående kaffe och varm mjölkblandning tills kopparna är ca 3/4 fulla.
d) Skummjölk kan ersätta helmjölk och grädde.

54. Italienskt kaffe med choklad

Ingredienser :
- 2 koppar varmt starkt kaffe
- 2 koppar varm traditionell kakao - prova Hersheys varumärke
- Vispgrädde
- Rivet apelsinskal

Vägbeskrivning
a) Kombinera 1/2 kopp kaffe och 1/2 kopp kakao i var och en av de 4 muggarna.
b) Toppa med vispad grädde; strö över rivet apelsinskal.

55. Halvsöt mocka

Ingredienser :
- 4 oz. Halvsöt choklad
- 1 matsked socker
- 1/4 kopp vispgrädde
- 4 koppar varmt starkt kaffe
- Vispgrädde
- Rivet apelsinskal

Vägbeskrivning
a) Smält chokladen i en tjock kastrull på låg värme.
b) Rör ner socker och vispgrädde.
c) Vispa i kaffe med en visp, 1/2 kopp i timmen; fortsätt tills det skummar.
d) Toppa med vispad grädde och strö över rivet apelsinskal.

KAFFE INFUSERAD MED KRYDDA

56. Orange Spice Coffee

Ingredienser :
- 1/4 kopp malet kaffe
- 1 msk rivet apelsinskal
- 1/2 tsk vaniljextrakt
- 1 1/2 kanelstång

Vägbeskrivning
a) Lägg kaffe och apelsinskal i en mixer eller matberedare.
b) Stoppa processorn tillräckligt länge för att tillsätta vaniljen.
c) Bearbeta 10 sekunder till.
d) Lägg blandningen i en glaskanna med kanelstängerna och ställ i kylen.

57. Kryddad kaffegrädde

Ingredienser :
- 2 koppar Nestlé är snabbt
- 2 koppar pulveriserad kaffegräddkanna
- 1/2 kopp pulveriserat socker
- 3/4 tsk kanel
- 3/4 tsk Muskotnöt

Vägbeskrivning
a) Blanda ihop alla ingredienser och förvara i en lufttät burk.
b) Blanda 4 teskedar med en kopp varmt vatten

58. Kardemumma kryddat kaffe

Ingredienser :
- 3/4 kopp malet kaffe
- 2 2/3 koppar vatten
- Mald kardemumma
- 1/2 kopp sötad kondenserad mjölk

Vägbeskrivning
a) Brygg kaffe i droppstil eller perkolatorkaffebryggare.
b) Häll upp i 4 koppar.
c) Till varje portion tillsätt en skvätt kardemumma och 2 matskedar kondenserad mjölk.
d) Vispa
e) Tjäna

59. Café de Ola

Ingredienser :
- 8 koppar filtrerat vatten
- 2 små kanelstänger
- 3 hela nejlikor
- 4 uns mörkt brunt socker
- 1 kvadrat halvsöt choklad eller mexikansk choklad
- 4 uns malet kaffe

Vägbeskrivning

a) Koka upp vattnet.
b) Tillsätt kanel, kryddnejlika, socker och choklad.
c) Koka upp igen, skumma bort eventuellt skum.
d) Sänk värmen till låg och LÅT DET INTE KOKA
e) Tillsätt kaffet och låt dra i 5 minuter.

60. Vaniljmandelkaffe

Ingredienser :
- 1/3 kopp malet kaffe
- 1 tsk vaniljextrakt
- 1/2 tsk mandelextrakt
- 1/4 tsk anisfrön

Vägbeskrivning
a) Häll kaffet i en mixer
b) Kombinera resterande ingredienser i en separat kopp
c) Tillsätt extraktet och fröna till kaffet i mixern
d) Bearbeta tills det blandas
e) Använd blandningen som vanligt när du brygger kaffe
f) Gör 8-6 uns portioner
g) Förvara oanvänd portion i kylen

61. Arabiska Java

Ingredienser :
- 1 liter filtrerat vatten
- 3 matskedar kaffe
- 3 matskedar socker
- 1/4 tesked kanel
- 1/4 tesked kardemumma
- 1 tsk vanilj eller vaniljsocker

Vägbeskrivning
a) Blanda alla ingredienser i en kastrull och värm tills skum samlas på toppen.
b) Passera inte genom ett filter.
c) Rör om innan servering

62. Honung kaffe

Ingredienser :
- 2 koppar färskt kaffe
- 1/2 kopp mjölk
- 4 matskedar honung
- 1/8 tsk kanel
- Dash muskotnöt eller kryddpeppar
- Droppa eller 2 vaniljextrakt

Vägbeskrivning
a) Värm ingredienserna i en kastrull, men koka inte.
b) Rör om väl för att kombinera ingredienserna.
c) Ett utsökt dessertkaffe.

63. Café Vienna Desire

Ingredienser :
- 1/2 kopp snabbkaffe
- 2/3 kopp socker
- 2/3 kopp fettfri mjölk
- 1/2 tsk kanel
- 1 nypa kryddnejlika - anpassa efter smak
- 1 nypa kryddpeppar - anpassa efter smak
- 1 nypa Muskotnöt justera till nyckeln

Vägbeskrivning
a) Blanda ihop alla ingredienser
b) Använd en mixer för att blanda till ett mycket fint pulver. Använd 1 matsked per mugg av hett filtrerat vatten.

64. Kanelkryddat kaffe

Ingredienser :
- 1/3 kopp snabbkaffe
- 3 matskedar socker
- 8 hela nejlikor
- 3 tums kanelstång
- 3 koppar vatten
- Vispgrädde
- Mald kanel

Vägbeskrivning

a) Kombinera 1/3 kopp snabbkaffe, 3 msk socker, kryddnejlika, kanelstång och vatten.
b) Täck över, låt koka upp. Ta bort från värmen och låt stå, täckt, ca 5 minuter för att dra.
c) Anstränga. Häll upp i koppar och toppa varje med en sked vispad grädde. Tillsätt en skvätt kanel.

65. Kanel Espresso

Ingredienser :
- 1 kopp kallt vatten
- 2 msk Malet espressokaffe
- 1/2 kanelstång (3" lång)
- 4 tsk Creme de Cacao
- 2 teskedar konjak
- 2 msk vispgrädde, kyld Riven halvsöt choklad till garnering

Vägbeskrivning

a) Använd din espressomaskin till ditt eller riktigt starka kaffe med en liten mängd filtrerat vatten.
b) Bryt en kanelstång i små bitar och lägg i den varma espresson.
c) Låt svalna i 1 minut.
d) Tillsätt crème de cacao och konjak och rör om försiktigt. Häll i demitasse
e) Koppar. Vispa grädden och flyta lite grädde ovanpå varje kopp. Garnera med riven choklad eller chokladlockar.

66. Mexikanskt kryddat kaffe

Ingredienser :
- 3/4 kopp Farinsocker, fast packat
- 6 kryddnejlika
- 6 Julienneskivor av apelsinskal
- 3 kanelstänger
- 6 matskedar . Riktigt bryggkaffe

Vägbeskrivning

a) Värm 6 koppar vatten med farinsocker, kanelstång och kryddnejlika i en stor kastrull på måttlig hög värme tills blandningen är varm, men låt den inte koka. Tillsätt kaffet, låt blandningen koka upp, rör om då och då, i 3 minuter.

b) Sila kaffet genom en fin sil och servera i kaffekoppar med apelsinskalet.

67. Vietnamesiskt äggkaffe

Ingredienser :
- 1 ägg
- 3 teskedar vietnamesiskt kaffepulver
- 2 teskedar sötad kondenserad mjölk
- Kokande vatten

Vägbeskrivning

a) Brygg en liten kopp vietnamesiskt kaffe.
b) Knäck ett ägg och släng vitorna.
c) Lägg äggulan och den sötade kondenserade mjölken i en liten, djup skål och vispa kraftigt tills du får en skummig, fluffig blandning som ovan.
d) Tillsätt en matsked av bryggkaffet och vispa i det.
e) Häll i ditt bryggkaffe i en klar kaffekopp och lägg sedan den fluffiga äggblandningen ovanpå.

68. Turkiskt kaffe

Ingredienser :
- 3/4 kopp vatten
- 1 matsked socker
- 1 msk pulveriserat kaffe
- 1 kardemummakapsel

Vägbeskrivning
a) Koka upp vatten och socker.
b) Ta bort från värmen - tillsätt kaffe och kardemumma
c) Rör om väl och återgå till värmen.
d) När kaffet skummar, ta bort från värmen och låt sumpen sätta sig.
e) Upprepa två gånger till. Häll upp i koppar.
f) Kaffesumpen ska sätta sig innan det dricks.
g) Du kan servera kaffet med kardemummakapseln i koppen - ditt val

Turkiskt kaffetips
h) Ska alltid serveras med skum på toppen
i) Du kan begära att ditt kaffe mals för turkiskt kaffe - det är en pulverkonsistens.
j) Rör inte om efter att ha hällt upp i koppar eftersom skummet kommer att kollapsa
k) Använd alltid kallt vatten när du förbereder
l) Grädde eller mjölk tillsätts aldrig till turkiskt kaffe; socker är dock valfritt

69. Pumpa kryddad latte

Ingredienser :
- 2 matskedar konserverad pumpa
- 1/2 tsk pumpapajkrydda, plus mer till garnering
- Nymalen svartpeppar
- 2 matskedar socker
- 2 matskedar rent vaniljextrakt
- 2 dl helmjölk
- 1 till 2 shots espresso, ca 1/4 kopp
- 1/4 kopp tjock grädde, vispad tills det bildas fasta toppar

Vägbeskrivning
a) Värm pumpan och kryddorna: Koka pumpan med pumpapajkryddan och en rejäl portion svartpeppar i en liten kastrull på medelvärme i 2 minuter eller tills den är varm och doftar tillagad. Rör om konstant.
b) Tillsätt sockret och rör om tills blandningen ser ut som en bubbel tjock sirap.
c) Vispa i mjölken och vaniljextraktet. Värm försiktigt på medelvärme, titta noga för att se till att det inte kokar över.
d) Bearbeta försiktigt mjölkblandningen med en stavmixer eller i en traditionell mixer (håll ner locket ordentligt med en tjock bunt handdukar!) tills den är skummande och blandad.
e) Blanda dryckerna: Gör espressonen eller kaffet och dela mellan två muggar och tillsätt den skummade mjölken.

f) Toppa med vispad grädde och ett stänk av pumpapajkrydda, kanel eller muskotnöt om så önskas.

70. Caramel Latte

Ingredienser :
- 2 uns espresso
- 10 uns mjölk
- 2 msk hemgjord kolasås plus mer för duggregn
- 1 msk socker (valfritt)

Vägbeskrivning
a) Häll upp espresson i en mugg.
b) Häll mjölken i ett brett glas eller glasburk och låt mikrovågsugn i 30 sekunder tills den är väldigt varm men inte kokar.
c) Alternativt, värm mjölken i en kastrull på medelvärme i cirka 5 minuter tills den är väldigt varm men inte kokar, titta noga på den.
d) Tillsätt kolasåsen och sockret (om det används) till den varma mjölken och rör om tills de löser sig.
e) Använd en mjölkskummare och skumma mjölken tills du inte ser några bubblor och du har ett tjockt skum, 20 till 30 sekunder. Snurra glaset och knacka lätt på det på bänken upprepade gånger för att få de större bubblorna. Upprepa detta steg vid behov.
f) Använd en sked för att hålla tillbaka skummet och häll mjölken i espresson. Häll resterande skum ovanpå.

KAFFE INFUSERAD MED ALKOHOL

71. Rom kaffe

Ingredienser :
- 12 oz. Färskmalet kaffe, gärna chokladmynta, eller schweizisk choklad
- 2 oz. Eller fler 151 rum
- 1 stor skopa vispad grädde
- 1 oz. Bailey's Irish Cream
- 2 msk chokladsirap

Vägbeskrivning
a) Nymalt kaffet.
b) Brygga.
c) Lägg 2+ oz i en stor mugg. av 151 rum i botten.
d) Häll det varma kaffet i muggen 3/4 av vägen upp.
e) Tillsätt Bailey's Irish Cream.
f) Vispa.
g) Toppa med den färska vispgrädden och ringla över chokladsirapen.

72. Kahlua Irish Coffee

Ingredienser :
- 2 oz. Kahlua eller kaffelikör
- 2 oz. Irländsk whisky
- 4 koppar varmt kaffe
- 1/4 kopp vispgrädde, vispad

Vägbeskrivning
a) Häll ett halvt uns kaffelikör i varje kopp. Tillsätt ett halvt uns irländsk whisky till varje
b) kopp. Häll i rykande nybryggt hett kaffe, rör om. Sked två högar
c) matsked vispad grädde på toppen av varje. Servera varm, men inte så varm att du bränner på läpparna.

73. Baileys irländska cappuccino

Ingredienser :
- 3 oz. Bailey's Irish Cream
- 5 oz. varmt kaffe -
- Konserverad dessert topping
- 1 skv muskotnöt

Vägbeskrivning
a) Häll Bailey's Irish Cream i en kaffemugg.
b) Fyll på med varmt svart kaffe. Toppa med en enda spray av desserttoppning.
c) Pudra desserttoppningen med en klick muskotnöt

74. Brandy kaffe

Ingredienser :
- 3/4 kopp varmt starkt kaffe
- 2 uns konjak
- 1 tsk socker
- 2 uns Heavy Cream

Vägbeskrivning
a) Häll upp kaffet i en hög mugg. Tillsätt sockret och rör om så att det löser sig.
b) Tillsätt konjaken och rör om igen. Häll grädden, över baksidan av en tesked medan du håller den, något ovanför toppen av kaffet i koppen. Detta gör att den kan flyta.
c) Tjäna.

75. Kahlua och chokladsås

Ingredienser :
- 6 koppar varmt kaffe
- 1 kopp chokladsirap
- 1/4 kopp Kahlua
- $\frac{1}{8}$ teskedar Mald kanel
- Vispgrädde

Vägbeskrivning
a) Kombinera kaffe, chokladsirap, Kahlua och kanel i en stor behållare; blanda väl.
b) Servera omedelbart. Toppa med vispad grädde.

76. Hemlagad kaffelikör

Ingredienser :
- 4 koppar socker
- 1/2 kopp snabbkaffe - använd filtrerat vatten
- 3 koppar vatten
- 1/4 tsk salt
- 1 1/2 koppar vodka, högbeständig
- 3 msk vanilj

Vägbeskrivning
a) Blanda socker och vatten; koka tills sockret lösts upp. Sänk värmen för att sjuda och låt sjuda 1 timme.
b) LÄTT COOL.
c) Rör ner vodka och vanilj.

77. Kahlua Brandy Coffee

Ingredienser :
- 1 uns Kahlua
- 1/2 uns konjak
- 1 kopp varmt kaffe
- Vispad grädde till topping

Vägbeskrivning
a) Tillsätt Kahlua och konjak till kaffet
b) Garnera med den vispade grädden

78. Lime Tequila Espresso

Ingredienser :
- Dubbel shot espresso
- 1 shot vit tequila
- 1 färsk lime

Vägbeskrivning
a) Kör en limeskiva runt kanten på ett espressoglas.
b) Häll en dubbel shot espresso över is.
c) Lägg till en enda shot vit tequila
d) Tjäna

79. Sötat konjakkaffe

Ingredienser :
- 1 kopp nybryggt kaffe
- 1 oz. Kaffelikör
- 1 tsk chokladsirap
- 1/2 oz. Brandy
- 1 st kanel
- Söt vispgrädde

Vägbeskrivning
a) Kombinera kaffelikör, konjak, chokladsirap och kanel i en mugg. Fyll på med nybryggt kaffe.
b) Toppa med vispad grädde.

80. Middagsfest kaffe

Ingredienser :
- 3 koppar Mycket varmt koffeinfritt kaffe
- 2 matskedar socker
- 1/4 kopp ljus eller mörk rom

Vägbeskrivning
a) Blanda mycket varmt kaffe, socker och rom i en uppvärmd gryta.
b) Dubbla efter behov.

81. Söt lönnkaffe

Ingredienser :
- 1 kopp halv och en halv
- 1/4 kopp lönnsirap
- 1 kopp Varmbryggt kaffe
- Sötad vispgrädde

Vägbeskrivning

a) Koka halv-och-halva och lönnsirap i en kastrull på medelvärme. Rör hela tiden tills den är ordentligt uppvärmd. Låt inte blandningen koka.

b) Rör ner kaffe och servera med sötad vispgrädde.

82. Dublin dröm

Ingredienser :

- 1 msk snabbkaffe
- 1 1/2 msk Instant varm choklad
- 1/2 oz. Irländsk gräddlikör
- 3/4 kopp kokande vatten
- 1/4 kopp vispad grädde

Vägbeskrivning

a) I ett Irish coffee-glas, lägg alla ingredienser utom den vispade grädden.
b) Rör om tills det är väl blandat och garnera med vispad grädde.

83. Di Saronno kaffe

Ingredienser :
- 1 oz. Di saronno amaretto
- 8 oz. Kaffe
- Vispgrädde

Vägbeskrivning
a) Blanda Di Saronno Amaretto med kaffe och toppa sedan med vispad grädde.
b) Servera i irländska kaffemuggar.

84. Baja kaffe

Ingredienser :
- 8 koppar varmt vatten
- 3 matskedar snabbkaffegranulat
- 1/2 kopp kaffelikör
- 1/4 kopp Crème de Cacao likör
- 3/4 kopp vispad grädde
- 2 msk halvsöt choklad, riven

Vägbeskrivning
a) I slow-cooker, kombinera varmt vatten, kaffe och likörer.
b) Täck och värm på LOW 2-4 timmar. Häll upp i muggar eller värmetåliga glas.
c) Toppa med vispad grädde och riven choklad.

85. Pralin kaffe

Ingredienser :
- 3 koppar Varmbryggt kaffe
- 3/4 kopp halv-och-halva
- 3/4 koppar Fast packat Farinsocker
- 2 msk smör eller margarin
- 3/4 kopp Pralinlikör
- Sötad vispgrädde

Vägbeskrivning
a) Koka de första 4 ingredienserna i en stor kastrull på medelvärme, rör hela tiden, tills de är genomvärmda, koka inte.
b) Rör i likör; servera med sötad vispgrädde.

86. Vodka kaffe

Ingredienser :
- 2 koppar mörkbrunt socker fast förpackad
- 1 kopp vitt socker
- 2 1/2 koppar vatten
- 4 koppar pekannötsbitar
- 4 vaniljbönor delade på längden
- 4 koppar vodka

Vägbeskrivning

a) Blanda farinsocker, vitt socker och vatten i en kastrull på medelvärme tills blandningen börjar koka. Sänk värmen och låt sjuda i 5 minuter.

b) Häll vaniljbönor och pekannötter i en stor glasburk (eftersom detta ger 4 1/2 dl. Häll varm blandning i burken och låt svalna. Tillsätt vodka

c) Täck tätt och förvara på ett mörkt ställe. Vänd burken varje dag under de kommande 2 veckorna för att hålla alla ingredienser kombinerade. Sila blandningen efter 2 veckor och kassera fasta ämnen.

87. Amaretto Cafe'

Ingredienser :
- 1 1/2 koppar varmt vatten
- 1/3 kopp Amaretto
- 1 matsked snabbkaffekristaller
- Topping med vispad grädde

Vägbeskrivning
a) Rör ihop vatten och snabbkaffekristaller i en mikrovågsskål.
b) Mikrovågsugn utan lock, på 100 % effekt i cirka 3 minuter eller bara tills den är ångande varm.
c) Rör ner Amaretton. Servera i klara glasmuggar. Toppa varje mugg kaffeblandning med lite desserttoppning.

88. Café Au Cin

Ingredienser :
- 1 kopp kallt starkt franskrostat kaffe
- 2 msk strösocker
- streck kanel
- 2 oz. Tawny port
- 1/2 tsk Rivet apelsinskal

Vägbeskrivning
a) Blanda och blanda i en mixer på hög hastighet.
b) Häll upp i kylda vinglas.

89. Spetsad Cappuccino

Ingredienser :
- 1/2 kopp halv-och-halva
- 1/2 kopp nybryggd espresso
- 2 msk konjak
- 2 msk vit rom
- 2 msk mörk crème de cacao
- Socker

Vägbeskrivning
a) Vispa halv-och-halva i en liten kastrull på hög värme tills det blir skummande, ca 3 minuter.
b) Fördela espressokaffe mellan 2 koppar. Tillsätt hälften av konjaken och hälften av crème de cacao i varje kopp.
c) Vispa om halv och halv och häll upp i koppar.
d) Socker är valfritt

90. Gaeliskt kaffe

Ingredienser :
- Svart kaffe; nygjorda
- Skotsk whisky
- Rå farinsocker
- Riktig vispgrädde; vispad tills det är lite tjockt

Vägbeskrivning
a) Häll upp kaffet i ett uppvärmt glas.
b) Tillsätt whiskyn och farinsocker efter smak. Blanda väl.
c) Häll lite lättvispad grädde i glaset över baksidan av en tesked som är precis ovanför toppen av vätskan i koppen.
d) Det ska flyta lite.

91. Rye Whiskey Coffee

Ingredienser :
- 1/4 kopp lönnsirap; ren
- 1/2 kopp Rye whisky
- 3 koppar kaffe; varm, svart, dubbel styrka

Toppings:
- 3/4 kopp vispgrädde
- 4 tsk ren lönnsirap

Vägbeskrivning
a) Topping - Vispa 3/4 kopp vispad grädde med 4 teskedar lönnsirap tills det bildar en mjuk kulle.
b) Fördela lönnsirap och whisky mellan 4 förvärmda värmebeständiga glasmuggar.
c) Häll i kaffe till 1 tum från toppen.
d) Sked topping över kaffe.
e) Tjäna

92. Cherry Brandy kaffe

Ingredienser :
- 1/2-ounce körsbärsbrandy
- 5 uns färskt svart kaffe
- 1 tsk sockervispad grädde
- Maraschino körsbär

Vägbeskrivning
a) Häll kaffet och körsbärsbrandy i en kaffekopp och tillsätt sockret för att söta.
b) Toppa med vispad grädde och ett maraschino körsbär.

93. Danskt kaffe

Ingredienser :
- 8 c Varmt kaffe
- 1 c Mörkt rum
- 3/4 c socker
- 2 kanelstänger
- 12 nejlikor (hela)

Vägbeskrivning
a) I en mycket stor tjock kastrull, kombinera alla ingredienser, täck över och håll på låg värme i ca 2 timmar.
b) Servera i kaffemuggar.

94. Whiskey Shooter

Ingredienser :
- 1/2 kopp skummjölk
- 1/2 kopp vanlig yoghurt med låg fetthalt
- 2 tsk socker
- 1 tsk snabbkaffepulver
- 1 tsk irländsk whisky

Vägbeskrivning
a) Lägg alla ingredienser i en mixer på låg hastighet.
b) Mixa tills du kan se att dina ingredienser är införlivade i varandra.
c) Använd ett högt skakglas för presentation.

95. Goda gamla irländska

Ingredienser :
- 1,5 uns Irish Cream Liqueur
- 1,5 uns irländsk whisky
- 1 kopp varmbryggt kaffe
- 1 msk vispad grädde
- 1 skvätt muskotnöt

Vägbeskrivning
a) Kombinera Irish cream och The Irish Whisky i en kaffemugg.
b) Fyll mugg med kaffe. Toppa med en klick vispgrädde.
c) Garnera med ett stänk muskotnöt.

96. Bushmills Irish Coffee

Ingredienser :
- 1 1/2 uns Bushmills irländsk whisky
- 1 tsk farinsocker (valfritt)
- 1 streck Crème de menthe, grön
- Extra starkt färskt kaffe
- Vispgrädde

Vägbeskrivning
a) Häll whisky i den irländska kaffekoppen och fyll till 1/2 tum från toppen med kaffe. Tillsätt socker efter smak och blanda. Toppa med vispad grädde och ringla crème de menthe över.
b) Doppa kanten av koppen i socker för att täcka kanten.

97. Svart Irish Coffee

Ingredienser :
- 1 kopp starkt kaffe
- 1 1/2 oz. Irländsk whisky
- 1 tsk socker
- 1 msk vispad grädde

Vägbeskrivning
a) Blanda kaffe, socker och whisky i en stor mikrovågsmugg.
b) Mikrovågsugn på hög i 1 till 2 minuter. Toppa med vispad grädde
c) Var försiktig när du dricker, kan behöva en stund för att svalna.

98. Krämigt Irish Coffee

Ingredienser :
- 1/3 kopp irländsk gräddlikör
- 1 1/2 koppar nybryggt kaffe
- 1/4 kopp Heavy Cream, lätt sötad och vispad

Vägbeskrivning
a) Fördela likören och kaffet mellan 2 muggar.
b) Toppa med vispad grädde.
c) Tjäna.

99. Gammaldags Irish Coffee

Ingredienser :
- 3/4 kopp varmt vatten
- 2 matskedar irländsk whisky
- Dessert Topping
- 1 1/2 matsked snabbkaffekristaller
- Farinsocker efter smak

Vägbeskrivning
a) Kombinera vatten och snabbkaffekristaller. Mikrovågsugn, utan lock, på
b) 100 % kraft ca 1 1/2 minut eller bara tills den är ångande varm. Rör ner irländsk whisky och farinsocker.

100. Gräddlikör Latte

Ingredienser :
- 1 del gräddlikör
- 1½ delar Vodka

Vägbeskrivning
a) Skaka med is och sila ner i ett Martiniglas.
b) Njut av

SLUTSATS

Med varje recept avnjutat och varje aromatisk ton omhuldad avslutar vi vår resa genom sidorna i "En kaffeälskares receptsamling" Smakersymfonin, doftens poesi och presentationens konstnärskap samlas i kaffetillverkningens rike. . Som du har upptäckt är kaffe inte bara en drink; det är en upplevelse som engagerar alla dina sinnen och fångar ögonblick i tiden.

Vi hoppas att dessa recept har väckt en nyvunnen passion för att tillverka kaffe och inspirerat dig att experimentera med smaker, tekniker och personliga inslag. Låt glädjen att brygga din egen kopp av perfektion ge varje dag en touch av elegans och överseende.

Från hjärtat av kaffekulturen till din, tack för att du följde med oss på denna resa. Må ditt kaffe alltid bryggas till perfektion, och må varje klunk föra dig närmare essensen av sann lycka.

www.ingramcontent.com/pod-product-compliance
Lightning Source LLC
LaVergne TN
LVHW021704060526
838200LV00050B/2494